Nueva Vida
en Cristo

Treinta Lecciones Bíblicas Fundamentales

De Paul Jinadu

New Covenant Church
Nigeria National Administrative Office
PMB 5450, Dugbe Ibadan, Nigeria
www.newcovenantchurchnigeria.org

New Covenant Church Logistics
9606 East Foothill Blvd.
Rancho Cucamonga, CA 91730
(909) 791-8095
www.ncclogistics.org
info@ncclogistics.org

INTRODUCCIÓN
Conocer a Jesús y darlo a conocer

Este material está diseñado para ser utilizado por un cristiano maduro para ayudar a un cristiano recién comprometido a encontrar su camino en la fe. Utiliza las palabras y promesas de la Biblia para mostrarle al nuevo creyente lo que ha sucedido en su vida espiritual recientemente. De esa manera, su experiencia se basará firmemente en las Escrituras, en lugar de en meras emociones. Los sentimientos pueden ir y venir, pero un cristiano cuya fe se basa en la Palabra de Dios permanecerá firme.

Este es un concepto transferible, lo que significa que este material también puede ser utilizado por esta misma persona, cuando esté más arraigada en Cristo, para ayudar a establecer la fe de otro creyente nuevo. Es una forma estructurada y bien definida de transferir nuestra experiencia de Cristo a otros.

La Gran Comisión:

«Vayan, pues, a las gentes de todas las naciones, y háganlas mis discípulos». (Mateo 28:19)

Si pretendemos llevar a cabo esta comisión de nuestro Señor, el principio de multiplicación mediante el evangelismo encomendado por Pablo tendrá que convertirse en una realidad en la iglesia de hoy. En su carta a Timoteo, Pablo dijo: *«Lo que me has oído decir delante de muchos testigos, encárgaselo a hombres de confianza que sean capaces de enseñárselo a otros».* (2 Timoteo 2:2)

Este sencillo plan funcionó con mucha eficacia en la Iglesia primitiva. Sin imprentas, radio o televisión para llegar a las masas, se multiplicaron en gran manera y llenaron el Imperio romano con el mensaje del evangelio. Para cumplir la gran comisión, debemos volver al modelo del Nuevo Testamento y actuar de acuerdo con el mensaje reformado de que todos los creyentes están llamados a ser ministros.

Paul Jinadu

Cómo utilizar este folleto para el seguimiento

Este folleto se puede utilizar individualmente o en grupo. Haz que la persona realice los ejercicios diarios. Cuando se reúnan, comparen palabras y frases clave. Comparte las respuestas a las preguntas y los estudios de versículos. El objetivo de cada lección es descubrir qué dice la Palabra de Dios, comprender lo que significa y aplicarla a nuestras vidas. El consejero no debería ser el que más hable. Debe guiar la discusión utilizando preguntas hábilmente. Recuerda que no es una conferencia, sino una manera de descubrir qué tan lejos ha llegado la persona en su comprensión de su nueva experiencia con Cristo, y qué hacer a continuación para crecer espiritualmente.

Pasos:
a) Comienza con una oración.
b) Lee los versículos en voz alta. Haz que resalte o se enfoque en palabras o frases clave mientras lees. Esto hará que él o ella pueda ver en mayor detalle el contenido de cada versículo.
c) Dale tiempo adicional para releer los versículos y resaltar palabras adicionales.
d) Hagan un estudio de versículos.

Cómo hacer un estudio de versículos:
1. Enumera dos palabras clave y defínelas.
2. Responde las preguntas.
3. Memoriza el texto dado.
4. Parafrasea este texto. En otras palabras, dinos qué dice el versículo reescribiéndolo con
    tus propias palabras en una hoja de papel.
5. Cuéntanos qué dice el versículo para ti. ¿Cómo puedes aplicar las verdades de este versículo a tu vida en este día?
6. Cierra con una breve oración.

CONTENIDOS

La salvación significa la liberación del pecado y sus consecuencias. Medita en estas verdades hasta que puedas decir con confianza: «Sé que soy salvo. Soy hijo de Dios y pertenezco a su familia. Ahora tengo vida eterna».

Encierra En Un Círculo Las Palabras O Frases Clave:

Pues por la bondad de Dios han recibido ustedes la salvación por medio de la fe. No es esto algo que ustedes mismos hayan conseguido, sino que es un don de Dios. No es el resultado de las propias acciones, de modo que nadie puede gloriarse de nada. (Efesios 2:8-9)

Porque esto es lo que dice: «Todos los que invoquen el nombre del Señor, alcanzarán la salvación». (Romanos 10:13)

Pues Dios amó tanto al mundo, que dio a su Hijo único, para que todo aquel que cree en él no muera, sino que tenga vida eterna. (Juan 3:16)

Guía De Estudio:

En estos pasajes,

- ¿qué aprendemos acerca de convertirnos en hijos de Dios?

- ¿Acerca de la vida eterna?

- Memoriza Juan 3:16. Parafraséalo con tus propias palabras:

- ¿Qué significa este versículo para ti?

- ¿Cómo puedes aplicar sus verdades a tu vida?

Tener seguridad significa tener la certeza en nuestra mente sin ninguna duda. Uno de los trucos de Satanás es hacer que los creyentes duden de su salvación. Medita en estos pasajes bíblicos para que puedas tener la victoria sobre tus dudas.

Encierra En Un Círculo Las Palabras O Frases Clave:

Estoy convencido de que nada podrá separarnos del amor de Dios: ni la muerte, ni la vida, ni los ángeles, ni los poderes y fuerzas espirituales, ni lo presente, ni lo futuro, ni lo más alto, ni lo más profundo, ni ninguna otra de las cosas creadas por Dios. ¡Nada podrá separarnos del amor que Dios nos ha mostrado en Cristo Jesús nuestro Señor! (Romano 8:32-39)

Mis ovejas reconocen mi voz, y yo las conozco y ellas me siguen. Yo les doy vida eterna, y jamás perecerán ni nadie me las quitará. Lo que el Padre me ha dado es más grande que todo, y nadie se lo puede quitar. (Juan 10:27-29)

Estoy seguro de que Dios, que comenzó a hacer su buena obra en ustedes, la irá llevando a buen fin hasta el día en que Jesucristo regrese. (Filipenses 1:6)

Guía De Estudio:

De estos pasajes,

- ¿qué aprendes acerca de la seguridad?

- Memoriza Filipenses 1:6. Parafraséalo con tus propias palabras:

- ¿Qué significa este versículo para ti?

- ¿Cómo puedes aplicar sus verdades a tu vida?

La salvación significa la liberación del pecado y sus consecuencias. Medita en estas verdades hasta que puedas decir con confianza: «Sé que soy salvo. Soy hijo de Dios y pertenezco a su familia. Ahora tengo vida eterna».

Encierra En Un Círculo Las Palabras O Frases Clave:

No saben ustedes que su cuerpo es templo del Espíritu Santo que Dios les ha dado, y que el Espíritu Santo vive en ustedes? Ustedes no son sus propios dueños, porque Dios los ha comprado. Por eso deben honrar a Dios en el cuerpo. (1 Corintios 6:19-20)

Yo soy la vid, y ustedes son las ramas. El que permanece unido a mí, y yo unido a él, da mucho fruto; pues sin mí no pueden ustedes hacer nada. (Juan 15:5)

Ama al Señor con ternura, y él cumplirá tus deseos más profundos. Pon tu vida en las manos del Señor; confía en él, y él vendrá en tu ayuda. (Salmos 37:4-5)

Guía De Estudio:

En estos pasajes bíblicos,

- ¿qué aprendemos acerca de la nueva propiedad, la obediencia, las prioridades y los beneficios?

- Memoriza Salmos 37:4-5. Parafraséalo con tus propias palabras:

- ¿Qué significa este versículo para ti?

- ¿Cómo puedes aplicar sus verdades a tu vida?

La salvación significa la liberación del pecado y sus consecuencias. Medita en estas verdades hasta que puedas decir con confianza: «Sé que soy salvo. Soy hijo de Dios y pertenezco a su familia. Ahora tengo vida eterna».

Encierra En Un Círculo Las Palabras O Frases Clave:

Pues por la bondad de Dios han recibido ustedes la salvación por medio de la fe. No es esto algo que ustedes mismos hayan conseguido, sino que es un don de Dios. No es el resultado de las propias acciones, de modo que nadie puede gloriarse de nada. (Efesios 2:8-9)

Porque esto es lo que dice: «Todos los que invoquen el nombre del Señor, alcanzarán la salvación». (Romanos 10:13)

Pues Dios amó tanto al mundo, que dio a su Hijo único, para que todo aquel que cree en él no muera, sino que tenga vida eterna. (Juan 3:16)

Guía De Estudio:

En estos pasajes,

- ¿qué aprendemos acerca de convertirnos en hijos de Dios?

- ¿Acerca de la vida eterna?

- Memoriza Juan 3:16. Parafraséalo con tus propias palabras:

- ¿Qué significa este versículo para ti?

- ¿Cómo puedes aplicar sus verdades a tu vida?

Un discípulo es un «aprendiz», un seguidor de Cristo. Un verdadero discípulo reconocerá diariamente a Cristo como Señor y estará dispuesto a ponerlo por delante de todas las actividades de la vida.

Encierra En Un Círculo Las Palabras O Frases Clave:

Y el que no toma su propia cruz y me sigue, no puede ser mi discípulo. (Lucas 14:27)

Así pues, cualquiera de ustedes que no deje todo lo que tiene, no puede ser mi discípulo. (Lucas 14:33)

Si se aman los unos a los otros, todo el mundo se dará cuenta de que son discípulos míos. (Juan 13:35)

Guía De Estudio:

- ¿Qué aprendemos sobre el discipulado?

- Memoriza Lucas 14:27. Parafraséalo con tus propias palabras:

- ¿Qué significa este versículo para ti?

- ¿Cómo puedes aplicar sus verdades a tu vida?

Cuando una persona se convierte en hijo de Dios a través de la fe en Jesucristo, se vuelve responsable de hablar a otros acerca de Cristo. Debes estar preparado para compartir tu fe con otros.

Encierra En Un Círculo Las Palabras O Frases Clave:

Sino honren a Cristo como Señor en sus corazones. Estén siempre preparados a responder a todo el que les pida razón de la esperanza que ustedes tienen. (1 Pedro 3:15)

Pero cuando el Espíritu Santo venga sobre ustedes, recibirán poder y saldrán a dar testimonio de mí, en Jerusalén, en toda la región de Judea y de Samaria, y hasta en las partes más lejanas de la tierra. (Hechos 1:8)

Así que somos embajadores de Cristo, lo cual es como si Dios mismo les rogara a ustedes por medio de nosotros. Así pues, en el nombre de Cristo les rogamos que acepten el reconciliarse con Dios. (2 Corintios 5:20)

Guía De Estudio:

- ¿Qué aprendemos sobre nuestra responsabilidad como testigos?

- Memoriza 1 Pedro 3:15. Parafraséalo con tus propias palabras:

- ¿Qué significa este versículo para ti?

- ¿Cómo puedes aplicar sus verdades a tu vida?

Para ayudarnos a glorificar a Dios con nuestras vidas y ser testigos efectivos, necesitamos conocer y obedecer las Escrituras. Adopta el hábito de memorizar y meditar diariamente en la Palabra de Dios.

Encierra En Un Círculo Las Palabras O Frases Clave:

Sino que pone su amor en la ley del Señor y en ella medita noche y día. Ese hombre es como un árbol plantado a la orilla de un río, que da su fruto a su tiempo y jamás se marchitan sus hojas. ¡Todo lo que hace, le sale bien! (Salmos 1:2-3)

Tu palabra es una lámpara a mis pies y una luz en mi camino. (Salmos 119:105)

Pero no basta con oír el mensaje; hay que ponerlo en práctica, pues de lo contrario se estarían engañando ustedes mismos. (Santiago 1:22)

Guía De Estudio:

* ¿Qué aprendemos sobre el valor de las Escrituras?

* Memoriza Santiago 1:22. Parafraséalo con tus propias palabras:

* ¿Qué significa este versículo para ti?

* ¿Cómo puedes aplicar sus verdades a tu vida?

Dios nos dio su Palabra, no solo para aumentar nuestro conocimiento, sino para transformar nuestras vidas. Solo cuando apliquemos la verdad a nuestras vidas, obedeciendo las Escrituras, veremos un cambio significativo.

Encierra En Un Círculo Las Palabras O Frases Clave:

El que recibe mis mandamientos y los obedece, demuestra que de veras me ama. Y mi Padre amará al que me ama, y yo también lo amaré y me mostraré a él. (Juan 14:21)

El amar a Dios consiste en obedecer sus mandamientos; y sus mandamientos no son una carga. (1 Juan 5:3)

Ama al Señor tu Dios con todo tu corazón, con toda tu alma y con todas tus fuerzas. (Deuteronomio 6:5)

Guía De Estudio:

- ¿Qué aprendemos sobre la obediencia?

- Memoriza 1 Juan 5:3. Parafraséalo con tus propias palabras:

- ¿Qué significa este versículo para ti?

- ¿Cómo puedes aplicar sus verdades a tu vida?

Desde el día en que recibiste a Jesucristo como Salvador, entraste en una guerra espiritual. Tu enemigo es el diablo, y él hará todo lo que esté en su poder para convertirte en un cristiano desanimado, dubitativo y derrotado. Sé consciente de sus artimañas y confía en que el Señor te dará la victoria.

Encierra En Un Círculo Las Palabras O Frases Clave:

Sean prudentes y manténganse despiertos, porque su enemigo el diablo, como un león rugiente, anda buscando a quien devorar. (1 Pedro 5:8)

Protéjanse con toda la armadura que Dios les ha dado, para que puedan estar firmes contra los engaños del diablo. (Efesios 6:11)

Manténganse despiertos y oren, para que no caigan en tentación. Ustedes tienen buena voluntad, pero son débiles. (Mateo 26:41)

Guía De Estudio:

- ¿Qué aprendemos sobre Satanás y la tentación?

- Memoriza Mateo 26:41. Parafraséalo con tus propias palabras:

- ¿Qué significa este versículo para ti?

- ¿Cómo puedes aplicar sus verdades a tu vida?

10. VICTORIA

Como aprenderemos en los siguientes pasajes, todos los creyentes son susceptibles a la tentación. La victoria puede ser tuya si utilizas los recursos disponibles.

Encierra En Un Círculo Las Palabras O Frases Clave:

Ustedes no han pasado por ninguna prueba que no sea humanamente soportable. Y pueden ustedes confiar en Dios, que no los dejará sufrir pruebas más duras de lo que pueden soportar. Por el contrario, cuando llegue la prueba, Dios les dará también la manera de salir de ella, para que puedan soportarla. (1 Corintios 10:13)

Hijitos, ustedes son de Dios y han vencido a esos mentirosos, porque el que está en ustedes es más poderoso que el que está en el mundo. (1 Juan 4:4)

He guardado tus palabras en mi corazón para no pecar contra ti. (Salmos 119:11)

Guía De Estudio:

- ¿Qué aprendemos sobre la victoria?

- Memoriza Salmos 119:11. Parafraséalo con tus propias palabras:

- ¿Qué significa este versículo para ti?

- ¿Cómo puedes aplicar sus verdades a tu vida?

Aunque Dios desea que cada creyente tenga una vida cristiana victoriosa, sabe que llegará el momento en que cederemos al pecado y la tentación. En su misericordia, nos ha dado una salida, mediante la confesión, para ser perdonados y limpiados de todo pecado.

Encierra En Un Círculo Las Palabras O Frases Clave:

Al que disimula el pecado, no le irá bien; pero el que lo confiesa y lo deja, será perdonado. (Proverbios 28:13)

Pero te confesé sin reservas mi pecado y mi maldad; decidí confesarte mis pecados, y tú, Señor, los perdonaste. (Salmos 32:5)

Pero si confesamos nuestros pecados, podemos confiar en que Dios, que es justo, nos perdonará nuestros pecados y nos limpiará de toda maldad. (1 Juan 1:9)

Guía De Estudio:

- ¿Qué aprendemos sobre el perdón?

- Memoriza 1 Juan 1:9. Parafraséalo con tus propias palabras:

- ¿Qué significa este versículo para ti?

- ¿Cómo puedes aplicar sus verdades a tu vida?

La oración es tu forma de comunicarte con Dios. Forma el hábito de comenzar cada día en oración y luego aprende a orar a lo largo del día cuando surja la necesidad.

Encierra En Un Círculo Las Palabras O Frases Clave:

Pidan, y Dios les dará; busquen, y encontrarán; llamen a la puerta, y se les abrirá. (Mateo 7:7)

Tenemos confianza en Dios, porque sabemos que si le pedimos algo conforme a su voluntad, él nos oye. Y así como sabemos que Dios oye nuestras oraciones, también sabemos que ya tenemos lo que le hemos pedido. (1 Juan 5:14-15)

El que no me ama, no hace caso de mis palabras. Las palabras que ustedes están escuchando no son mías, sino del Padre, que me ha enviado. (Juan 14:24)

Guía De Estudio:

- ¿Qué aprendemos sobre la oración?

- Memoriza Juan 14:24. Parafraséalo con tus propias palabras:

- ¿Qué significa este versículo para ti?

- ¿Cómo puedes aplicar sus verdades a tu vida?

13. OBSTÁCULOS PARA LA ORACIÓN

Dios escucha y contesta la oración. La respuesta no siempre es «sí» y, a veces, la respuesta tarda mucho en llegar. Hay ciertos obstáculos para la oración, como indican los siguientes versículos.

Encierra En Un Círculo Las Palabras O Frases Clave:

Si yo tuviera malos pensamientos, el Señor no me habría escuchado. (Salmos 66:18)

Pero tiene que pedir con fe, sin dudar nada; porque el que duda es como una ola del mar, que el viento lleva de un lado a otro. Quien es así, no crea que va a recibir nada del Señor. (Santiago 1:6-7)

Ustedes quieren algo, y no lo obtienen; matan, sienten envidia de alguna cosa, y como no la pueden conseguir, luchan y se hacen la guerra. No consiguen lo que quieren porque no se lo piden a Dios; y si se lo piden, no lo reciben porque lo piden mal, pues lo quieren para gastarlo en sus placeres. (Santiago 4:2-3)

Guía De Estudio:

- ¿Qué aprendemos sobre los obstáculos a la oración?

- Memoriza Santiago 4:2-3. Parafraséalo con tus propias palabras:

- ¿Qué significa este versículo para ti?

- ¿Cómo puedes aplicar sus verdades a tu vida?

14. ALABANZA Y ACCIÓN DE GRACIAS

Como notarás en estos pasajes bíblicos, a Dios le agrada que dediquemos tiempo a la alabanza y la acción de gracias. A veces debemos tomar todo nuestro tiempo de oración para decirle a Dios cuánto apreciamos todo lo que hace por nosotros.

Encierra En Un Círculo Las Palabras O Frases Clave:

¡Aleluya! Den gracias al Señor, porque él es bueno, porque su amor es eterno. (Salmos 106:1)

Den gracias al Señor por su amor, ¡por lo que hace en favor de los hombres! (Salmos 107:8)

Estén siempre contentos. Oren en todo momento. Den gracias a Dios por todo, porque esto es lo que él quiere de ustedes como creyentes en Cristo Jesús. (1 Tesalonicenses 5:16-18)

Guía De Estudio:

- ¿Qué aprendemos sobre la alabanza y la acción de gracias?

- Memoriza 1 Tesalonicenses 5:16-18. Parafraséalo con tus propias palabras:

- ¿Qué significa este versículo para ti?

- ¿Cómo puedes aplicar sus verdades a tu vida?

Dios no nos ha dejado desamparados y solos en el mundo. Él habita en nosotros a través de su Espíritu Santo, quien diariamente responde a nuestras necesidades.

Encierra En Un Círculo Las Palabras O Frases Clave:

Y este mismo Espíritu se une a nuestro espíritu para dar testimonio de que ya somos hijos de Dios. Y puesto que somos sus hijos, también tendremos parte en la herencia que Dios nos ha prometido, la cual compartiremos con Cristo, puesto que sufrimos con él para estar también con él en su gloria. (Romanos 8:16-17)

¿Acaso no saben ustedes que son templo de Dios, y que el Espíritu de Dios vive en ustedes? (1 Corintios 3:16)

Pero el Defensor, el Espíritu Santo que el Padre va a enviar en mi nombre, les enseñará todas las cosas y les recordará todo lo que yo les he dicho. (Juan 14:26)

Guía De Estudio:

- ¿Qué aprendemos sobre el Espíritu Santo?

- Memoriza Juan 14:26. Parafraséalo con tus propias palabras:

- ¿Qué significa este versículo para ti?

- ¿Cómo puedes aplicar sus verdades a tu vida?

Dios habita en nosotros a través de su Espíritu, quien, si le permitimos que controle nuestras vidas, nos dará una dinámica para vivir y nos hará más y más como Jesús.

Encierra En Un Círculo Las Palabras O Frases Clave:

No se emborrachen, pues eso lleva al desenfreno; al contrario, llénense del Espíritu Santo. (Efesios 5:18)

Pues Dios no nos ha dado un espíritu de temor, sino un espíritu de poder, de amor y de buen juicio. (2 Timoteo 1:7)

En cambio, lo que el Espíritu produce es amor, alegría, paz, paciencia, amabilidad, bondad, fidelidad, humildad y dominio propio. Contra tales cosas no hay ley. (Gálatas 5:22-23)

Guía De Estudio:

- ¿Qué aprendemos sobre el Espíritu Santo?

- Memoriza Gálatas 5:22-23. Parafraséalo con tus propias palabras:

- ¿Qué significa este versículo para ti?

- ¿Cómo puedes aplicar sus verdades a tu vida?

¿Quieres evitar muchos dolores de cabeza, pérdida de tiempo, caminos sin salida y decisiones equivocadas en tu vida cristiana? Entonces, deja que Dios dirija tu camino diario. Él ve las cosas desde una perspectiva diferente.

Encierra En Un Círculo Las Palabras O Frases Clave:

El Señor dice: «Mis ojos están puestos en ti. Yo te daré instrucciones, te daré consejos, te enseñaré el camino que debes seguir. (Salmos 32:8)

Por la mañana hazme saber de tu amor, porque en ti he puesto mi confianza. Hazme saber cuál debe ser mi conducta, porque a ti dirijo mis anhelos. (Salmos 143:8)

Confía de todo corazón en el Señor y no en tu propia inteligencia. Ten presente al Señor en todo lo que hagas, y él te llevará por el camino recto. (Proverbios 3:5-6)

Guía De Estudio:

- ¿Qué aprendemos sobre la guía?

- Memoriza Proverbios 3:5-6. Parafraséalo con tus propias palabras:

- ¿Qué significa este versículo para ti?

- ¿Cómo puedes aplicar sus verdades a tu vida?

18. ADVERSIDAD

En muchos aspectos, la vida cristiana es una vida de pruebas. A través de situaciones adversas, Dios purifica y quita de nuestras vidas aquellas cosas que no le agradan. Las dificultades son de esperar, pero nunca deben considerarse un castigo.

Encierra En Un Círculo Las Palabras O Frases Clave:

Hermanos míos, ustedes deben tenerse por muy dichosos cuando se vean sometidos a pruebas de toda clase. Pues ya saben que cuando su fe es puesta a prueba, ustedes aprenden a soportar con fortaleza el sufrimiento. Pero procuren que esa fortaleza los lleve a la perfección, a la madurez plena, sin que les falte nada. (Santiago 1:2-4)

Por eso no nos desanimamos. Pues aunque por fuera nos vamos deteriorando, por dentro nos renovamos día a día. Lo que sufrimos en esta vida es cosa ligera, que pronto pasa; pero nos trae como resultado una gloria eterna mucho más grande y abundante. (2 Corintios 4:16-17)

Sabemos que Dios dispone todas las cosas para el bien de quienes lo aman, a los cuales él ha llamado de acuerdo con su propósito. (Romanos 8:28)

Guía De Estudio:

- ¿Qué aprendemos sobre la adversidad?

- Memoriza Romanos 8:28. Parafraséalo con tus propias palabras:

- ¿Qué significa este versículo para ti?

- ¿Cómo puedes aplicar sus verdades a tu vida?

19. CASTIGO

Castigar significa corregir o disciplinar. Hay momentos en que Dios, debido a su amor por nosotros, debe traer una medida de disciplina a nuestras vidas.

Encierra En Un Círculo Las Palabras O Frases Clave:

Feliz el hombre a quien Dios reprende; no rechaces la reprensión del Todopoderoso. (Job 5:17)

Y han olvidado ya lo que Dios les aconseja como a hijos suyos. Dice en la Escritura: «No desprecies, hijo mío, la corrección del Señor, ni te desanimes cuando te reprenda. Porque el Señor corrige a quien él ama, y castiga a aquel a quien recibe como hijo.» (Hebreos 12:5-6)

Si nos examináramos bien a nosotros mismos, el Señor no tendría que castigarnos, aunque si el Señor nos castiga es para que aprendamos y no seamos condenados con los que son del mundo. (1 Corintios 11:31-32)

Guía De Estudio:

- ¿Qué aprendemos sobre la disciplina?

- Memoriza 1 Corintios 11:31-32. Parafraséalo con tus propias palabras:

- ¿Qué significa este versículo para ti?

- ¿Cómo puedes aplicar sus verdades a tu vida?

El apóstol Pablo tenía dolencias físicas, soportó muchas golpizas y a menudo fue encarcelado. Job tenía llagas de la cabeza a los pies. Esteban dio su vida por la fe. Nosotros también podemos esperar encontrar sufrimiento en esta vida. Sin embargo, no debemos considerar el sufrimiento como un castigo.

Encierra En Un Círculo Las Palabras O Frases Clave:

Pues por causa de Cristo, ustedes no sólo tienen el privilegio de creer en él, sino también de sufrir por él. (Filipenses 1:29)

Queridos hermanos, no se extrañen de verse sometidos al fuego de la prueba, como si fuera algo extraordinario. Al contrario, alégrense de tener parte en los sufrimientos de Cristo, para que también se llenen de alegría cuando su gloria se manifieste. (1 Pedro 4:12-13)

Considero que los sufrimientos del tiempo presente no son nada si los comparamos con la gloria que habremos de ver después. (Romanos 8:18)

Guía De Estudio:

- ¿Qué aprendemos sobre el sufrimiento?

- Memoriza Romanos 8:18. Parafraséalo con tus propias palabras:

- ¿Qué significa este versículo para ti?

- ¿Cómo puedes aplicar sus verdades a tu vida?

Como cristianos, tenemos dos naturalezas. Para crecer en Cristo, debemos aprender a decir «no» a la carne, nuestra naturaleza vieja, y decir «sí» a Cristo que vive en nosotros.

Encierra En Un Círculo Las Palabras O Frases Clave:

Y ya no soy yo quien vive, sino que es Cristo quien vive en mí. Y la vida que ahora vivo en el cuerpo, la vivo por mi fe en el Hijo de Dios, que me amó y se entregó a la muerte por mí. (Gálatas 2:20)

Por eso, deben ustedes renunciar a su antigua manera de vivir y despojarse de lo que antes eran, ya que todo eso se ha corrompido, a causa de los deseos engañosos. Deben renovarse espiritualmente en su manera de juzgar, y revestirse de la nueva naturaleza, creada a imagen de Dios y que se distingue por una vida recta y pura, basada en la verdad. (Efesios 4:22-24)

Después les dijo a todos: —Si alguno quiere ser discípulo mío, olvídese de sí mismo, cargue con su cruz cada día y sígame. (Lucas 9:23)

Guía De Estudio:

- ¿Qué aprendemos sobre la abnegación?

- Memoriza Lucas 9:23. Parafraséalo con tus propias palabras:

- ¿Qué significa este versículo para ti?

- ¿Cómo puedes aplicar sus verdades a tu vida?

La Biblia dice: «Dios ama al que da con alegría» (2 Corintios 9:7). ¡Podríamos dar por esa simple razón! Los siguientes pasajes de las Escrituras dan más razones para dar generosamente.

Encierra En Un Círculo Las Palabras O Frases Clave:

Honra al Señor con tus riquezas y con los primeros frutos de tus cosechas; así se llenarán a reventar tus graneros y tus depósitos de vino. (Proverbios 3:9-10)

Acuérdense de esto: El que siembra poco, poco cosecha; el que siembra mucho, mucho cosecha. Cada uno debe dar según lo que haya decidido en su corazón, y no de mala gana o a la fuerza, porque Dios ama al que da con alegría. (2 Corintios 9:6-7)

Hay gente desprendida que recibe más de lo que da, y gente tacaña que acaba en la pobreza. El que es generoso, prospera; el que da, también recibe. (Proverbios 11:24-25)

Guía De Estudio:

- ¿Qué aprendemos sobre la generosidad?

- Memoriza Proverbios 11:24-25. Parafraséalo con tus propias palabras:

- ¿Qué significa este versículo para ti?

- ¿Cómo puedes aplicar sus verdades a tu vida?

A pesar de todas las pruebas, tribulaciones y sufrimientos, Dios soberanamente vela por nosotros y satisface todas nuestras necesidades.

Encierra En Un Círculo Las Palabras O Frases Clave:

Si tienes que pasar por el agua, yo estaré contigo, si tienes que cruzar ríos, no te ahogarás; si tienes que pasar por el fuego, no te quemarás, las llamas no arderán en ti. (Isaías 43:2)

El hombre honrado pasa por muchos males, pero el Señor lo libra de todos ellos. (Salmos 34:19)

Dejen todas sus preocupaciones a Dios, porque él se interesa por ustedes. (1 Pedro 5:7)

Guía De Estudio:

- ¿Qué aprendemos sobre el cuidado de Dios?

- Memoriza 1 Pedro 5:7. Parafraséalo con tus propias palabras:

- ¿Qué significa este versículo para ti?

- ¿Cómo puedes aplicar sus verdades a tu vida?

Una canción popular dice: «Lo que el mundo necesita ahora es amor». La gente que nos rodea tiene hambre de amor y afecto. Que nuestro amor se extienda y ayude a satisfacer esa necesidad.

Encierra En Un Círculo Las Palabras O Frases Clave:

Les doy este mandamiento nuevo: Que se amen los unos a los otros. Así como yo los amo a ustedes, así deben amarse ustedes los unos a los otros. (Juan 13:34)

Pues si uno es rico y ve que su hermano necesita ayuda, pero no se la da, ¿cómo puede tener amor de Dios en su corazón? Hijitos míos, que nuestro amor no sea solamente de palabra, sino que se demuestre con hechos. (1 Juan 3:17-18)

Ámense sinceramente unos a otros. Aborrezcan lo malo y apéguense a lo bueno. Ámense como hermanos los unos a los otros, dándose preferencia y respetándose mutuamente. (Romanos 12:9-10)

Guía De Estudio:

- ¿Qué aprendemos sobre el amor?

- Memoriza Romanos 12:9-10. Parafraséalo con tus propias palabras:

- ¿Qué significa este versículo para ti?

- ¿Cómo puedes aplicar sus verdades a tu vida?

Es natural que una persona desee reconocimiento y alcanzar metas en esta vida. Los siguientes pasajes de las Escrituras te darán una idea real de cómo esto puede hacerse realidad.

Encierra En Un Círculo Las Palabras O Frases Clave:

Al que es orgulloso se le humilla, pero al que es humilde se le honra. (Proverbios 29:23)

Porque el que a sí mismo se engrandece, será humillado; y el que se humilla, será engrandecido. (Lucas 14:11)

Pero Dios nos ayuda más con su bondad, pues la Escritura dice: «Dios se opone a los orgullosos, pero trata con bondad a los humildes.» Humíllense delante del Señor, y él los enaltecerá. (Santiago 4:6, 10)

Guía De Estudio:

¿Qué aprendemos sobre la humildad?

Memoriza Santiago 4:6, 10. Parafraséalo con tus propias palabras:

¿Qué significa este versículo para ti?

¿Cómo puedes aplicar sus verdades a tu vida?

La credibilidad es fundamental para forjar relaciones personales sólidas. Debemos creer en los demás para desarrollar la confianza. La credibilidad es importante especialmente para nuestro testimonio. Si nuestra vida no respalda nuestro testimonio, es probable que no suceda mucho.

Encierra En Un Círculo Las Palabras O Frases Clave:

Hemos rechazado proceder a escondidas, como si sintiéramos vergüenza; y no actuamos con astucia ni falseamos el mensaje de Dios. Al contrario, decimos solamente la verdad, y de esta manera nos recomendamos a la conciencia de todos delante de Dios. (2 Corintios 4:2)

No se mientan los unos a los otros, puesto que ya se han despojado de lo que antes eran y de las cosas que antes hacían. (Colosenses 3:9)

Por eso procuramos hacer lo bueno, no sólo delante del Señor sino también delante de los hombres. (2 Corintios 8:21)

Guía De Estudio:

- ¿Qué aprendemos sobre la honestidad?

- Memoriza 2 Corintios 8:21 . Parafraséalo con tus propias palabras:

- ¿Qué significa este versículo para ti?

- ¿Cómo puedes aplicar sus verdades a tu vida?

En muchos pasajes, las palabras corazón, pensamientos, mente o afectos son lo mismo. Lo que somos, o lo que hacemos a diario, estará determinado en gran medida por lo que hay en nuestros corazones, porque esto nos llevará a la acción, sea buena o no.

Encierra En Un Círculo Las Palabras O Frases Clave:

Cuida tu mente más que nada en el mundo, porque ella es fuente de vida. (Proverbios 4:23)

Dijo también: —Lo que sale del hombre, eso sí lo hace impuro. Porque de adentro, es decir, del corazón de los hombres, salen los malos pensamientos, la inmoralidad sexual, los robos, los asesinatos, los adulterios, la codicia, las maldades, el engaño, los vicios, la envidia, los chismes, el orgullo y la falta de juicio. (Marcos 7:20-22)

Oh Dios, examíname, reconoce mi corazón; ponme a prueba, reconoce mis pensamientos; mira si voy por el camino del mal, y guíame por el camino eterno. (Salmos 139:23-24)

Guía De Estudio:

¿Qué aprendemos sobre el corazón?

Memoriza Salmos 139:23-24. Parafraséalo con tus propias palabras:

¿Qué significa este versículo para ti?

¿Cómo puedes aplicar sus verdades a tu vida?

En los siguientes pasajes aprenderás que la lengua, aunque es un miembro muy pequeño del cuerpo, tiene un poder enorme para el bien o el mal, y debe ser controlada continuamente.

Encierra En Un Círculo Las Palabras O Frases Clave:

Quien quiera amar la vida y pasar días felices, cuide su lengua de hablar mal y sus labios de decir mentiras. (1 Pedro 3:10)

El que tiene cuidado de lo que dice, nunca se mete en aprietos. (Proverbios 21:23)

Su conversación debe ser siempre agradable y de buen gusto, y deben saber también cómo contestar a cada uno. (Colosenses 4:6)

Guía De Estudio:

- ¿Qué aprendemos sobre la lengua?

- Memoriza Colosenses 4:6. Parafraséalo con tus propias palabras:

- ¿Qué significa este versículo para ti?

- ¿Cómo puedes aplicar sus verdades a tu vida?

Si quieres ser perdonado y estar en paz con Dios y tu prójimo, aprende a perdonar a los demás. No perdonar puede llevarte a la ruina.

Encierra En Un Círculo Las Palabras O Frases Clave:

Entonces Pedro fue y preguntó a Jesús: —Señor, ¿cuántas veces deberé perdonar a mi hermano, si me hace algo malo? ¿Hasta siete? Jesús le contestó: —No te digo hasta siete veces, sino hasta setenta veces siete. (Mateo 18:21-22)

No juzguen a otros, y Dios no los juzgará a ustedes. No condenen a otros, y Dios no los condenará a ustedes. Perdonen, y Dios los perdonará. (Lucas 6:37)

Sean buenos y compasivos unos con otros, y perdónense mutuamente, como Dios los perdonó a ustedes en Cristo. (Efesios 4:32)

Guía De Estudio:

- ¿Qué aprendemos sobre perdonar a los demás?

- Memoriza Efesios 4:32. Parafraséalo con tus propias palabras:

- ¿Qué significa este versículo para ti?

- ¿Cómo puedes aplicar sus verdades a tu vida?

Un día, no sabemos cuándo ni a qué hora, Jesucristo regresará para llevarnos a estar con él para siempre. Su Palabra nos dice claramente cómo debemos vivir todos los días mientras esperamos su venida. Resalta o céntrate en palabras o frases clave:

Encierra En Un Círculo Las Palabras O Frases Clave:

No se angustien ustedes. Crean en Dios y crean también en mí. En la casa de mi Padre hay muchos lugares donde vivir; si no fuera así, yo no les hubiera dicho que voy a prepararles un lugar. Y después de irme y de prepararles un lugar, vendré otra vez para llevarlos conmigo, para que ustedes estén en el mismo lugar en donde yo voy a estar. (Juan 14:1-3)

Cristo mismo es la vida de ustedes. Cuando él aparezca, ustedes también aparecerán con él llenos de gloria. Hagan, pues, morir todo lo que hay de terrenal en ustedes: que nadie cometa inmoralidades sexuales, ni haga cosas impuras, ni siga sus pasiones y malos deseos, ni se deje llevar por la avaricia (que es una forma de idolatría). (Colosenses 3:4-5)

Esa bondad de Dios nos enseña a renunciar a la maldad y a los deseos mundanos, y a llevar en el tiempo presente una vida de buen juicio, rectitud y piedad, mientras llega el feliz cumplimiento de nuestra esperanza: el regreso glorioso de nuestro gran Dios y Salvador Jesucristo. (Tito 2:12-13)

Guía De Estudio:

¿Qué aprendemos sobre la perspectiva adecuada?

Memoriza Tito 2:12-13. Parafraséalo con tus propias palabras:

¿Qué significa este versículo para ti?

¿Cómo puedes aplicar sus verdades a tu vida?

SOBRE EL AUTOR

RDO. (DR.) PAUL JINADU; SUPERVISOR GENERAL

El Rdo. Dr. Paul Jinadu nació en Lagos, Nigeria, en una familia musulmana. Se convirtió al cristianismo después de que Jesús se le apareciera, tras lo que abandonó sus estudios de medicina en el Reino Unido. Asistió al Bible College de Gales ubicado en Swansea en 1962 y más adelante también estudió teología en el Bible College de Londres, donde se graduó en 1972. Se casó con Kate, a quien conoció en el seminario bíblico, y juntos regresaron a Nigeria como misioneros en 1966.

Primero trabajaron con la Iglesia Apostólica en Lagos, y luego extensamente con la Iglesia del Evangelio Cuadrangular como pastores y plantadores de iglesias. Regresaron al Reino Unido a principios de los 80, donde Paul viajó por todo el país como evangelista itinerante y conferencista. Mientras tanto, Kate continuó llevando personas a Cristo a través de The Christian Coffee Club en York.

En 1985, por invitación de muchos de sus discípulos, Paul fundó la iglesia New Covenant Church en Nigeria y, un año después, la fundó en el Reino Unido. Ahora supervisa más de 600 filiales de la iglesia en 23 países. Paul fue el segundo presidente de la Alianza Evangélica Africana y del Caribe en el Reino Unido. Es apóstol, padre espiritual y mentor de muchos pastores en todo el mundo; orador solicitado y autor de I Have Seen The Lord y muchos otros libros. Realiza seminarios y capacitaciones de liderazgo en todo el mundo.

Para más información:

New Covenant Church
Nigeria National Administrative Office
PMB 5450, Dugbe Ibadan, Nigeria
www.newcovenantchurchnigeria.org

New Covenant Church Logistics
9606 East Foothill Blvd.
Rancho Cucamonga, CA 91730
(909) 791-8095

www.ncclogistics.org
info@ncclogistics.org